Stei da voa

(Lürig zum Nochdenga)

Gedichte in Bairisch und Deutsch

von

Wolf Kursch

Umschlag-Gestaltung und Foto: Wolfgang Schellhorn

ISBN: 978-3-944667-00-3

printed in Germany

Wos ma wissn soin kannt (bevoas losged)

I offerier do moi ganz andre Gedichte in Boarisch. Gedichte, die ned von Hoamat handln, sondern dem, wos si di denga, wo in der Hoamat lem. (Guat, i gib zua, di bin i.) Dii Gedankn ham mitm Lem an sich und dem Gscheng in da Weid und übahaupt mit oim z'doa. Manchmoi geds a um zwischenmenschliche Beziehunga, aber die san eha wos füa dahoam.

Am Schluß kema nu Gedichte für unsre no ned ganz Integriertn oda füa di, di si weidmännisch gem woin und ned nur auf die eingne Sprach insistiern. A Großteil von dene amtsdeitschn Versal san aus die Sechzger-Joa (vom vorign Jahundat, wost scho), aba des wersd am Inhalt scho merka. I wa domois nu jung, no ned amoi voijarig (is ma erst mit oanazwanzg worn). Domois hob i zwa boarisch ren kena, aba ned schreim. Wiagsogt, i wa nu z'jung dafüa.

Wennsd moanst, du muast ma wos dazu song, konnst des im Zwischennetz. Unta www.kursch.w-portal.de findsd, wosd dazua brauchst, oda wos i sonst nu varon wui.

Oiso vui Spaß beim Lesn. Und wennst a Wort ned kennst, frogst dei Nachbarin. Wenns oid gnua is, konns da sicha weidaheifa. Fois wikli ned, oda foist koane host, konnst a mi frongn (schaugst im vorign Absatz).

Kopf hoch, wei d' Weid is ned so schlecht, wias oiwei duat, oda wias aus dene Gedichte scheint.

Wolf Kursch

Wos ois drin is

Bast scho

A leas Bladl liegt do um g'fuid z'wern.
Aba moi ehrli, wer wui irgnd wos hearn?
Du genauso weni wia i.
Kon di a ois, genauso wia mi?

Bia oda Wein
das lasse sein.
Foisch: Wein und Bia
her zu mia.

Wos hod da Dylan brocht?
Wos ham mia draus g'mocht?
Häd ma wos draus macha soin?
Ham ma wirkli unsa Lem gstoin?

's Denga ham ma glernd, ungwoit,
's Denga, wos des ois soit.
's Denga ja, aba d' Antwortn san ausblim
's Denga - sog ma an Sinn.

Drum numoi: Her mit Wein, Weib und Gesang,
und zwa a Lem lang.
's Denga bringt nix, g'leand hama des genau,
und des bedeit: Wein, Gesang und Frau.

Daß si Fraun jez ned benachteiligt voakumma -
zwoa ghern zu a Numma.
Ma kannt a song: Wein, Gesang und Mo -
Bast scho.

So umma 68

Raus san ma und ham gschaugt,
ob's irgendwo a Endrung gabat.
Hoam kumma san ma völlig ausglaugt,
von om bis untn voiglabat

Leit hod's gem für jede Richtung.
Diskutiert hams um jeden Scheiß,
Vetreter für Arbeitskampf und Dichtung.
Endan muas si 's, manchmoi um jedn Preis.

Meistns wa da Aufruhr nua im Kopf,
Stoana san seitn gflogn.
Jeds Subbal war in seim eigna Dopf,
ois andre is glong.

Ab und zua san Subbn überkocht,
dann ham si si mitanander vereint.
Doch meistns hod jeda nua auf sei eingns pocht
und die Berechtigung der andan verneint.

Und wenn i heid so resümier
und schau, wos is draus worn?
Gendert ham si net moi mia.
So wa von Haus aus ois verlorn.

Soi i meng

I hob mi imma aus oim raus ghoitn,
a aus meim eigna Lem.
I hob fast sechzg Joa braucht zum Schoitn,
mia is nua oans gem.

Späda mach i dann...,
hob i ma oiwei gsogt.
Es wa a Lem ohne Plan,
oiwei vaschom, nie wos gwogt.

Jez allmäli werd ma klar
und i spüas diaf drin,
dass 's a Lem ohne mi war,
und i frog mi nach 'm Sinn.

D' Weid hod si bewegt - rotiert.
I hob 's gseng wia in am Fuim,
's hod mi ned tangiert,
andre warn beim Spuin.

Soi ebba jez die Zeit sei,
um gfahrlos wida ei z' steign?
Soi i mi jez von mia befrein, glei,
oder lass is besser wida bleim?

Dat si was ändan, dat is meng?
Is net bessa, I bleib hocka?
Is 's ma zvui oda is 's ma zweng?
I sigs nimma ganz so locka.

Hau ma 'n Deckl drauf.
Morgn is a nu a Dog.
Dann wach i wida auf
und ko mi frogn ob i (dann) mog.

Stei da voa

Stei da voa, du host an Stape Geid.
Stei da voa, dia gheard di hoibe Weid.

I kon schlaffa bis moang.
I hob, God sei Dank, ned deine Soang

D' Oma um 68

Häd i, dad i, waar i, hod mei Oma oiwei gsogt,
damit erreichst nix, und recht hod 's ghobt.
Ärme nauf und doa muast, Boa.
Diskutiert und zugschaugt host jez gnua.

Wia moanst wia nach 'm Kriag ois worn is wias is?
Koana von uns hod gsogt, des is aba fies.
Wia d' Ameisn san ma rum und ham aufbaut
in da Hoffnung, dass 's koana mer zamhaut.

Übaleg da, obst do wirkli mitmachst.
Übaleg da, obst am End dann a nu lachst.
Extremismus, egal weiche Richtung,
is nua guat füa Theata und Dichtung.

Stoana ghern ins Pflaster, net in d' Luft.
Stoana schmeißn duat nur a Schuft.
D' Weit is net so schlimm, i hobs vaglicha,
und hod ma mit da Hand üban Backa stricha.

Dann hob i garbat, bin worn wos i bin,
hob nimma weida gfrogt nach 'm Sinn,
hobs Lem genossn und verfluacht
und hob ganz einfach nimma weida gsuacht.

Und vierzg Joa späda stei i wida fest,
d' Oma hod recht ghabt, a mit 'm Rest,
wos damois nu ois so gsogt hod zu mir,
oft zwischn Ange und Tüa.

So anno 68

Warn ma jung und ham ma glacht,
ham ma Scheiß und Gaudi gmacht,
ham ma 's Lem test in jede Richtung,
manchmoi gsuffa bis zua Vernichtung,
Kopfweh ghabt, a vom Diskutiern,
woit ma gwinna, net verliern.
Ham ma Cohen und Burdon gherd di ganze Nacht.
Ham ma uns aufgregt, über d' Eitern und über d' APO
glacht.
Ham ma Rothändle und weißn Port konsumiert.
D' Zukunft hod uns weniga interessiert.
Da Augenblick wa richti.
Ois andre ned so wichti.
Ois wa möglich, jeda frei.
So wiast as wuist, so sois a sei.
Des wa unsa obasts Motto.
's Lem wa damois wia a Lotto.
Host Glück ghabt, bist ausse zogn worn.
Host Bech ghabt, wa a nix verlorn.
's Zimma war dreidreißge hoch,
oa schwarze und drei violette Wend - a Loch.
I woid 's so, d' Oma hod 's erlaubt.
A si hod an an andan Lemstil glaubt,
vielleicht in Erinnerung an die zwanzger Joa,
wia 's Schlechte füa a boa besser wa,
wia da Kriag und da Mief da Kaiserzeit
vorbei wa füa a gewisse Schicht von Leit.
Zwischn da Oma und uns wa a Band,
d' Eitan, di schwebtn in am andan Land.
Irgendwia warn si di Blamierdn
und nach 'm Kriag wida Ausgschmierdn.

Wenn's di nimma gabat

Di, di 's Gros waxn hern, werd 's oiwei gem,
di begleitn di dei ganz Lem.
Da konstas guat moana und kämpfa,
di verpassn da oiwei an Dämpfa.

A di Nörgla mid irm ewign 'aba'
genga da aufn Geist mit irm Gelaba.
Nix is eana recht z' macha,
findn deans wos an olle Sacha.

Und d' Grantla, di net moi ogschaugt wern woin,
störts scho, wenn s' beim Bier osteh soin.
Oda wenn Trambahn z'spät kimmt,
merkt d' Umweit, si san vastimmt.

Aba jez stei da moi vor, di dat's olle nimma gem,
mächast du da nu in München lem?
Nua nu Allglatte, vielleicht go nua Preißn.
I glab mi dat's zreissn.

Bahnhof Blues

I woas net, was hod uns triem?
Is uns nix anders übrigbliem?
Jez sitz ma am Bahnsteig in da Nacht um eife,
wartn aufn Zug oder auf zwöefe,
wartn auf gar nix und schaun in d' Vergangaheit,
vielleicht in Ermanglung von Leit.
Wos soll des ois, was soi der Stus?
Is des chillen oda da Bahnhof-Blues?

A Bia woid ma tringa, nachm Konzert,
woidn ren war ses ned oda war ses wert?
Vom Schlachthof zum Bahnhof san ma ganga.
Koa Wirtschaft wa do und had uns gfanga.
I hob gar ned gwußt, dass oa Bia findn so schwer sei ko,
oda san ma zhoakl worn, guada Mo?
So is wias is, zu oim Verdruß
ham ma jetzt scheinba an Bahnhof-Blues.

Do sitz ma jetzt midm Bia in da Hand,
Konzertkonsumenten ohne Land,
schaun zu, wia oa Zug kimmt, da anda geht,
ab und zua, wo da Zoaga steht,
wartn irgendwia auf d' Bahnpolizei,
doch der is zkoit, die schaut net vorbei.
Mia verabschidn jedn Zug per Gruß
und genießen unsan Bahnhof-Blues.

A fremda Raucha pafft einsam im Rauchakarree.
Mia raucha außerhoib, weil des is schee.
I rauch ois Nichtraucha nur geistig mit,
denk an die Kinda heid, mit ihrm Trick or Treat,
denk ma, früa hams bairisch gred

und des wa a ned bled.
Früa wa ma traurig, hatten Überdruß.
Heit sitz ma am Bahnsteig mitm Bahnhof-Blues.

A Zug laft ei, nein Leit klettern raus,
oane davo koa schiache Maus.
Aba es san a boa Gleis dazwischn.
Vor uns hoit a weitara Zug mit Zischn.
Die Szene is ausradiert - seis drum,
außerdem is scho a ganze Stund um,
Mitternacht, mia dran uns um - a letzta Gruß
Da Bahnhof bleibt zruck mit seim Bahnhof-Blues.

Da Mond

Da Mond is gschert, er lasst mi net schlaffa.
Sicher mächt a mi füa irgndwas straffa.
I wissat zwa net, wos is,
aba irgndwos is gwieß.

Der hät doch a nu wos anders 's doa, z. B. des mit da Ebbe,
oda brauchas ebba koa Liacht in da Steppe?
Aba na, heit sigdn koana.
Daschiassn kannst 'n, kannst moana.

Net do, aba störn.
Es is zum Davolaffa und Plärrn.
Ich mächat einfach bloß schlaffa
und net ständig zum Fensta naus gaffa.

Wos is, wenn as ga net gwen is?
Dann steh i do mit 'm Gfries.
I glab, I her auf mit dene Sorgn,
dra mi um und schlaf bis morgn.

Ham ma ned ghabt

Ham ma ned ghabt - wer ma ned meng.
Genau desweng is d' Weid so eng.

Da Opa von meim Opa hod no an Napoleon gseng,
hod Zeitn erlebt, wo ois wa zweng.
Und jeda hods seine Kindes Kinder gsogt, was wa
so in da Zeit von seine Joa.
Woit dass ses bessa ham - ohne Kriag,
wo ma ehrlich is und ohne Liag.
Doch irgendwia hods jede Generation dawischt.
Mia san die erstn, mia san entwischt.
Und was ham ma gmacht - aus dem Gschenk?
Mia hättn 's schüttln kenna - soz'song ausm Glenk.
Mia ham koan Feind mehr da drauss.
Mia lem wia d' Madn in Sauss und Brauss.
Mia ham vagessn die Kinda z'song wias wa
so in da Zeit vor unsre Joa.
So ham die ned glernt z'frong,
di san jez mit Unwissenheit gschlong.
Und wenn oana späda moi den Satz liest -
vielleicht während a im Essn rumspießt -
werd a si denga: Mia ham ois andas gmacht,
nix hod si g'ändad - nix hods bracht.

Ois ham ma ghabt - Ois ham ma meng.
Genau desweng is d' Weid so eng.

D' Stoana

Wenns kantn, d' Stoana
dans woana!?
und ned mit am Grinsn
in d' Weid nei linsen.

Vielleicht seng mas bloß ned?
Vielleicht san ma dafüa z'bled?
Vielleicht kant mas seng,
dan ma bloß meng.

A 's Schuigeh hod nix brocht in dem Sinn.
Im Menschen steckst einfach net drin.
Desweng wern 's weida grinsn, de Stoana
oda wia om in Frag gsteid - woana.

Schweigen ist Gold

Es gibt do an Konsument,
der hod si in meine Gedichte varennt.
Der mächt oiwei, dass i s' lies
und macht drum a rechts Gschieß.
Manchmoi mächt i, dass 'n da Deife hoit.
Reden ist Silber - Schweigen ist Gold.

Auf des Wissn is gschissn

Hauts di auf an Stoa,
bist aloa.
Hauts di auf d' Fressn,
bist schnei vagessn.
I bin i und du bist du
und die ganze Weid schaut zu.
Geht mi nix o, i hob eingne Sorgn.
Wenn i da huif, vageids 's mas morgn?
Is des die Basis füa d' Zukunft?
Is des die Basis füa d' neie Vanunft?
Hod d' Evolution danem denkt,
oda an Todesstoß vahengt?
I hoff bloß, i erfahrs ned,
obs wirkli so steht.
I mächts gar ned wissen.
Auf des Wissn is gschissn.

Knistande Gluad

Knistande Gluad
duat manchmoi guad,
machmoi schiats Wuad
und ärgat bis auf Bluad.

Kaffeeklatsch

Soibeitee is zum Tringa, ned zum Raucha,
sogt neili oana zu mia.
Soiche Spriech dad i grod no braucha
und beschliaß, dass i 'n einfach ignoria.

Doch der Kerl, ganz von da Roin
hod ma weida mein letzdn Nerv gstoin,
mächt ma eiren, dass i Drogn nimm
und deswegn ned in Himme kimm.

I sitz eigendli nur in da Sonn vorm Cafe
und dram von da Rua,
und trotz Aufforderung, er soi doch jetzt ge,
hokt a si einfach dazua.

Ma siegt, dass a auf da Straßn lebt
und i spüa, dass a innerli bebt.
Doch auf mei Frog, warum,
drad a zu und werd stumm.

Irgendwia duad a ma Leid
und i sog zu eam: Mogst an Kaffee.
An nextn Satz hob i beim Song scho bereid:
Oda rauchst Du an Soibeitee?

Ganz entgeistert sted a auf und ged,
murmeld kaum vaständli; Ja bin i bläd?
Is si sicha, dass i spinn
und wegam Raucha ned in Himme kimm.

Sogts ma Bescheid

Wenn mi oana frong dat,
is wirkli ois z'spat?
Nix dat i song auf di Frog,
wei ois is vakehrt, wos i sog.
Und, dat as wirkli hern woin,
häd a am End ned nur nu mer Boin?

Vom erstn Tog o wos d' in d' Windln scheißt
kummt a Schlaua und sogt, des beweißt,
dass da Mensch aloa nix is,
dass d' oiwei an andan brauchst - für jeds Gschieß.
Aloa bist aloa und werst as bleim.
As Singa bringt nix - genauso wia 's Schreim.

D' Hend muast raus doa aus da Daschn,
ned nur zum in Unschuld waschn.
Auf da andan Seitn, greifst endli o,
kimmt sicha oana und hindat di dro.
Dann san ma wieda am Anfang - ois is z' spat,
weil irgend a Knallkopf sicha durchdraht.

Wer is jez schuid, der, der frogt
oda der, der drauf nix sogt?
Der, der wos duat, hod der recht,
oda der, der 'n hindern mächt?
Wenn ses wißts, sogts ma Bescheid.
Bis dohi bin i zu gor nix bereit.

Spuid d' Wahrheit an Radi?

Is des wirkli so gwesn,
frog i mi imma wida beim Lesn.
Stimmt des, wias do steht?
Kon des sei, dass 's so zuageht?
Is des ois ned vadraht?
Is do ned d' Wahrheit abgmaht?

Und wenn i dann ganz durchananda bin
kummt die Frog nach'm Sinn.
Spuid d' Wahrheit übahaubt an Radi?
Interessiert des irngd an Kadi?
Es is doch völle egal, ob's stimmt,
solang 's ned in deim Lem vorkimmt.

Si tacuisses

De oidn Lateiner wa scho klar,
ned jede Diskussion braucht's, fürwahr.
Si tacuisses,
pilosophus mansisses.
Und i sog: Genau so is es.

Oerkannt

Wennst miad bist und woast ned warum,
dazua as Bia nimma so richti schmegd,
wennst moanst ois Grode is krumm
und daß hinta oim irgend wos dahinta steckt,
wenn da a gloane Rinna zum Hindernis werd
und du fuist di hint und vorn ned woi,
wenn da jede Gschicht vorkimmt, wia di vom Pferd *
und du di nur frogst, was des ois soi,
wennst jedm dei Zwidasei spürn lasst,
groad raus redsd, wias d' as grod denkst,
und dia wurscht is, ob di oana haßt,
weist koan von deine Gedankn varenkst,
und goa mancha denkt bei dir ans Lynchen,
dann bist oerkannta Grantla in München.

*Wenn jemand einem etwas Belangloses erzählt, was man definitiv nicht wissen möchte, sagt man: 'Was erzählst du mir die Geschichte vom Pferd!' oder 'Das ist wohl die Geschichte vom Pferd'

Ned jede Fahna

Wennst oiwei duast und oiwei machst,
nua wergelst und niamois lachst,
wenn deine Freind jez wo andas san
und du koa Zeit host füa an oanzign Dram,
wennst dann von heit auf morgn
ofangst z'spanna, du host Soagn
und weidamachst mit Resümian
und moanst, du konst blos nu valian,
dann muast aus deina Deckung kuma,
dann valass so schnei wia mögli di Numma.
D' Dog wean kürza, so is dei Gfui.
's stimmt ned, 's is nua a andas Spui.
Vielleicht muast as lerna, wia a kloans Kind,
ned jede Fahna draht si im Wind.

A Monolog füa di

Wennst auf d' Uhr schaugst, siegsdas ned,
aba im Spiagl siegst, dass d' Zeit vaged.
Und irgendwann meid si plötzli oana.
Zerst moanst es is go koana,
aba 's is a si aufplustanda Geankn,
der da irgendwos erzeid von Schrankn,
wiavui dass da Zeit nu bleibt
und dass scho oana am letztn Kapitl schreibt.

Und du denkst noch üba Sacha -
eigentli is scho fast zum Lacha -
wenns ned so ernst wa.
Doch du grinnst, dada ma a ...
Aba du merkst a schnei - 's is Galgenhumor,
und des kummt da ned bloß so voa.
Dei Lem host gschaugt, dass d' net nochdenkst
und soiche Gedankn nochhängst.

Irgendwos liegt in da Luft,
und sicha ned da Geruch von Gruft.
's is irgendwia, des Lem werd endlich.
Wos 'd ned vastandn host bleibt unvaständlich,
und des Rekognian
werd di den Rest vawian.
Denn quasi üba Nacht
hod di 's Lem ausglacht.

Um wos is eigenli ganga?
Warum muast jetz deine Gedankn fanga?
Ogfanga hods, dass d' festgsteid host,
's Lem is zwar a Knast,
aba sicha ned weng dia.

Dreisg Joa san vaganga - dagegn und dafüa.
A Lem manchoi zwischn Angl und Düa
und ohne irgend a zabrochns Gschia.

Lang ham mas ausghoidn midanand.
Wars zweni Gfui und zvui Vastand?
Des wer ma wascheinli nia raus kriang.
Warum a, mia kenna nua valian.
So bleim ma beinand füa olle Ewigkeit.
A wenns koana vasteht, in da heitign Zeit.
Und i glab, s' is guad so wias is,
mia beide san uns irgendwia gwies.

Koa Stund berei i von unsre Stundn.
Ned zamgheard und trotzdem gfundn.
Nia hob i ma Gedankn gmacht, wos i mächt.
Fia mi wa nia wos guad oda schlecht,
wia mia hoid so zam kumma san.
Drum, oiso dann
auf di nächstn dreißg Joa
und dass nu bessa wern ois di davoa.

's druckt aufs Gstei

Wos werd des sei?
Buidl von früa daucha auf im Kopf,
aba koa Erinnerung is dabei,
's feid da Deckl zum Topf.
Buidl zusammenhanglos, jedoch reoi,
ois warst ned dabei gwen.
Es is beängstigend auf jedn Foi,
ois dads da's von aussn seng.
Is Hirn scho dod?
Kimmt da Körpa ned nach?
Is krumm jetz grod?
Oda draht si 's um a ganz a andre Sach?

Da so woi plante Weg
heard abrupt auf,
wia a Bootssteg
mit am End koane Plankn drauf.
Die große Erkenntnis kummt,
dass da domois in da Schui
ned gsogt ham, ois junga Spund,
dass d'zlangsam sei werst füa des Spui,
so wia d' Großeitan damois.
Heit bist du an ihra Stei,
z'langsam füa die Weit, jedenfois.
Und die Erkenntnis druckt auf's Gstei.

Nix gleich ois

Nix host gmoand
und nix host woin.
Ois hams gmoand
und ois hädsd soin.

An Frien woidst ham scho ois kloana Bua,
a bissl spuin und dabei dei Rua,
d' Weid ganz spielerisch begreifn
ohne si auf Dogmen zu vasteifn,
einfach schaugn wias funktioniert oda ned,
ohne am ständi blädm Gred.

Doch des hams da ned vagunt.
In d' Schui hams di gschickt, Stund um Stund.
Do hams da zwar an Haufa vazeid,
dass Lem nix is ohne Wissn und Geid.
Am End host zwa so manchalei gwußt,
ab ohne vui Freid, dafüa mit vui Frust.

Des werd nix wern, des mit dem Lem.
Mit der Meinung warst ned soo danem.
Boid fuchzg Joa san zong jetzt durchs Land
und irgendwia bist nu genauso beinand,
und stehst do, wia domois ois Kind -
schaugst zua wia da a Gedankn in da Hand zarinnt.

Nix host gmoand
und nix host woin.
Ois hams gmoand
und ois hädsd soin.

Moi gherd

Di Dog wern oiwei mehra
wo Gedankn im frein Foi trudln.
Augenscheinli wern s imma schwera
und woin dei Lem besudln.

Früa host moi gmoant
füa a boar Joar machst moi mid.
Aba do host di z'weit naus gloant.
's war a Lem und ned blos a boar Schritt.

Du host da vui füa späda aufghom,
zum Beispui 's Reisn um di Weid.
Irndwia host di seiba oglong
mid dem Aussteign von dem Sammen von Geid.

Obwoist gwußt host, daß nix werd,
host di auf des Spui eiglassn.
Obwois d'as gwust host, es is vakehrt.
Irgendwia bist jez da Depp alla Klassn.

Heid konnst reisn, aba du mogst nimma.
Bist ebba scho hundert Joa?
Heid vakriachst di in deim Zimma
und lebst in a Weid, di amoi wa.

Und des Absurde is,
genau der woidst enfliehn.
Füa wos wa des Gschieß?
Scheinba is da bliem.

I kannt da nu dausend Sacha song,

aba jede Wand heard mehra zua.
Du konst mi amoi a weng drong.
Werd erwachsn, kloana Bua.

Red jez i mid mia?
Oda hob i jemand belauscht?
Oda redsd du mit dir?
Oda san ma vadauscht?

Anafürsich

Anafürsich
reimt si do drauf blos Pfirsich.
Soit si nu irgnd a Reim vastecka
soi a rauskumma oda varecka.

Anafürsich II

Da Obapfäiza moant, anafürsich
is ned schlimm, wenn i a Bia sich.
Doch ruck zuck is Freindschaft gschlossn
mid di kloana, mehr nu mid de Großn,
bis da Dokta sogt: Anafürsich
schliaßt bessa Freindschaft mid di Pfirsich.

Bist und host

Bist scho moi in a Seifnblosn gsessn
und host die Weid um die vagessn?
Host scho moi gschpüad wia di a Sonnaschtroi trifft?
i moan niachtan, ned bekifft.
Host di im Herbst scho moi mid Laub zuadeckt
und di so voa di andan vasteckt?
Konnst di nu erinnern an des Gfui bei deim erstn Kuss,
und deim Kumma, wias dann aus wa und Schluß?

Späda is dann wieda d' Sonn aufganga,
d' Weid hod di mit irgendwos andem gfanga.
Und vielleicht bist dann wieda in da Seifnblosn gsessn
und host wieda die Weid um di vagessn.
Host no moi gschpüad, wia di a Sonnaschtroi trifft.
Desmoi vielleicht ned niachtan, aba bekifft.
Und host di nomoi midm Laub zuadeckt
und di so voa di andan vasteckt.

Wennst di on sowos erinnan konnst, dann konst song:
I hob mei Lem glebt und kannt no oans vatrong.
Doch so wos is ned in deina Hand.
Füa sowos brauchst a andas Gwand.
Und dann werns da klar, am Wurm seine Worte:
I frei mi scho auf di - ois Torte.

Lauta Frong

Sog ma, wos i wui.
Sog ma wo is da Anfang, wo's End.
's is a allbekannts Spui,
oans, des jeda kennt.

Wo is vorn und wo is hint?
Wo is om und wo is unt?
's wa doch vui einfacha ois Kind,
's Lem wa einfach nua bunt.

Jez mächst von mia wissn, wos d' wuist,
wos d' meng soist oda ned.
Jez soi i dia song wos d' fuist
und wias weida geht.

Aba jez moi ganz ehrli:
zwoa, di ned wissn, wos woin,
die Konstruktion is doch g'fährli,
do steh und ned wissn, wos ma soin.

Egal wos ma dern,
foisch is auf jedn Foi.
Egal auf wos ma schaugn oda hearn,
's is wia jedes moi.

Drum sog ma du, wos i wui,
dann bin i aus'm Schneida.
Fang ma o mid am neia Spui
oda mach ma ohne Frong weida?

Herbstg'spinste

Da Wind zarrt an di Bladln: Her mit dem Laub,
ois muas obi, ois werd Staub.
Da Nebe schleicht rum und huift hoamli dazua
Requiescat in pacem - auf zua ewign Rua.

A krumms Vau von Kranich am Himme
werd übertönt von da Trambahn ihrm Gebimme.
Olle vasucha nu amoi aufz'trumpfn
bevoa 's füa imma vasumpfn.

Im Wind fladdad a Spinnwem.
Taudropfa vasucha si krampfhaft fest s'hem.
Äpfe ling untam Bam im Gros
und denga si, des wos.

's Oachkatzl poistad sein Kobe.
Da Mensch sucht nach seim Zobe.
D' Meis vasucha ins Haus rei z'kumma.
Wer jez ned vorsorgt, gherd zu de Dumma.

Jeds Joa schaug i zua bei dem Spui
mid am si öfta ändandam Gfui.
's is zwa a Fensta zwischn draußn und mia,
aba mei Haus hod a nu a Düa.

D' Jugend und d' Zukunft san lang scho voabei.
Jed's Kerndl is lang scho a Brei.
So is hoid da Lauf da Natua
und - mia ghern a dazua.

Di Musika-WeGe

Im Hintahaus im zwoatn Stock hams gwohnt,
in a WeGe, des hod si finanziell bessa glohnt.
Da Schubert, so a drodiga Kloana,
sei Spruch wa oiwei: Mi konnst ned moana.
Da Bach wa eha a bissl korpulent,
trozdem san ehm d' Weiba nochgrennt.
Da Strauß wa oana mid a dickn Bruin
und am eha zwispäitigm Wuin.
Und obst as glabst oda ned - ohne Schmuß,
I sog nua: Folk, Rock und Blues.
Wenn deine Eitan so hoassn, kummst ned aus,
dann bist in der Kombination oana füa 'n Applaus.
Und wia di Nama scho impliziern
konnst di nua in die Musi vairrn.
Wei ois Schreiba miasast an andan Nama ham,
a Oacha is schließli a a Bam.
Aba Ohren auf und Mund zu,
jetzt kummt da absolute Clou.
Ehrli, ohne Wassapfeifn und Afgahnen,
I schwörs bei meine Ahnen,
nach am Joa oda so
griangs Verstärkung durch an weidan Mo.
Gschichtln, Gedichte und Texte hod a gschriem.
Wos is ehm ois Schiller scho andas üba bliem?
Und nachdem a oiwei gsunga hod ob im Boad oda Clo
hams n hoid gnennt - Caruso.
Wia a dann späda midgspuid hod in da Band
hams n irgendwia andas gnennt,
Tschortsch, Tscharli oda a Jimmi.
I woas bloß , drei san scho im Himme,
nua da Schubert wohnt imma nu do.
Sei Rock'n'Roll dauat jez scho mea ois viazg Joa.

Wobei, nach so langa Zeit is eha a Blues.
Vielleicht is des Ganze aba a bloß a Stuß.

Lacha

Ois kloana Bua glabst Sacha
üba di muast späda bloß lacha.
Und genauso späda tramsd von dene Sacha
und wünscht da, du kannst drüba wida lacha.

Wieso?

A leers Bladl und a leers Hirn
Wos fuist schnella - Bladl oda Birn?
Di Frog is zwa ned lemswichti,
aba si beschäftigt mi richti.

Bast as seiwe nei oda drauf?
Mächat i aus da Vagangaheit wos no amoi dalem?
Wa irgendwos in meim Lemslauf
wo i sog, i dat wos drauf gem?

Is Bladl und Hirn desweng leer
weis koa Nomoi gibt?
Is Lem desweng so schwer
weil - vorbei is vasiebt?

A wenns manchmoi wä duat,
ma bleibt wo ma herkimmt.
Do huift a koa Wuat.
Des werd woanders bestimmt.

Sog ma, wieso i ma do drüba Gedankn mach,
wenn i grod feststeid hob, es is ned mei Sach,
wannst feststeist, du bist a Marionettn
und konnst blos rausgrinsn aus da Lettn?

Am Fensta

I ste am Fensta, schau naus und kon trotzdem ned fliang.
Wenn i springat, ko sei, dass mi ned griang.
Soi wida Erwartn des mid'm Fliang doch hihaun,
dans vielleicht schaugn.

Aba häd i fliang kenna soin
wan ma wascheinli Fedan gwaxn,
häd i ned soiche Boin
und ned so lange Haxn.

Wos bringt mi beim offna Fensta ans Springa ds denga?
I bin ned lemsmüad.
Di Gedanga konnst da schenga,
weis zu nix füat.

Im Lem host koa Dia
's san blos Fensta füa an kurzn Durchblick.
's schaugt blos aus ois wia,
wia beim Foto - a kurza Klick.

Wenn des moi drin is im Hirn
kennas di nimma an da Nosn rumfüan.
Si kenna ois Mögliche probiern
und nua nu valiern.

Gfressn

I häd gern nomoi mid dia ren woin,
vielleicht häd mas domois doa soin.
Dazwischn is fast a Lem,
oans ois häd ses ned gem.

Du host vielleicht recht: Häd ma ned.
Wa ma oda nua i so bläd?
Früa hob i gmoand i bin schlau,
aba i wa nua aufm Bau.

Heid bin i vielleicht a ned schlaua,
d' Hoa san vielleicht a bissl graua
und wos wa is vorbei
und zwoa is ned drei.

Gessn
is ned gfressn.

Bei mia, bei dia?

A Fon liegt auf da Autobahn.
Es is da Fon von deim Lem.
Wos nüzds, wenn olle drübafahn
ohne zfrong, gheard a wem.

Wiafüi Finga host an oana Hand?
Und jez nenn olle Freind, disd host,
olle, wosd moanst, si san sinnvawandt.
Sigst, jez brauchst Trost.

Wein oda Bia?
Bei mia, bei dia?

Sois so weid kemma?

Stei da voa, hundad Joa san um
und du steast imma nu rum.
Sois so weid kemma mid meim Wissn
oda is bessa drauf gschissn?

Da Gedanke

Da Gedanke, grod wa a nu do
und ohne daß i mi umdrah, isa jez weg.
Ned moi Husch hod a gsogt und wa davo.
Wascheinli grinst a raus aus seim Vasteck.

Zwa dads mi drucka eahm no moi z' griang
um z'wissn wos a woit.
Aba vielleicht dad a mi oliang
und erzäin, dass i ganz wos andas soit.

Drum lass 'n, wo a is
und mach aus am Gedankn koa Gschieß.

Bist jung

Bist jung
host Schwung
Bist oid
lasst di vui koid.

D' Vagangnheid

Da wühlst und wühlst in da Vagangnheit,
da wühlst und wühlst und vaduast dei Zeit.

Mancha mog der Meinung sei,
aba wennst ned wühlst, bist zwar frei,
doch schnei vagißt liabe Leid,
und steast aloa in da Zeit..

Woastas nu wia ma domois ....
Aus da Vagangnheid konst learna, jednfois.
's Ziel is ned nur z'ruck z'schaung,
's Ziel is auf Erfahrung aufz'baun.

Desweng brauchst d' Vagangnheit,
desweng vaduast ned dei Zeit.

Mia

I mog di am meistn, wenn i ned i bin.
I leb 's hoibe Lem scho mid dia zam.
Irgnd wia entziagd ma si da Sinn
und i frog mi, warum ma 's imma nu san.

I danz ned und du dadst liebnd gern,
i leb im gestern und im heid.
Von da Vagangnheid mogst du nix hearn,
aba du host a an da Gegnwart koa Freid.

Wascheinli steist da du di seibn Frong.
Lem ma möglichaweis in am Paralleluniversum.
Vielleicht ham ma vui gemeinsam, und kennas uns blos ned song.
Vielleicht sterm ma midanand - dumm.

Is unsa Problem, Gefühle z' erfassn?
Hammas und wissns ned?
Kenn ma desweng ned liebn, ned hassn?
Wissn ma desweng ned, wias um uns sted?

Wos d' vom Lem erwarst, woas i bis heid ned,
wascheinli is da seiba ned klar.
Ich mach ma trotzdem koane Sorgn, wias weidageht
und obs andas sei häd kenna ois wias war.

Bist do, mächat i aloa sei
und bist weg, feid ma a Drum.
I wa da a Lem lang trei
und frog mi genauso lang warum.

Wos hoit uns z'am di ganze Zeit?
A mid Nochdenga find i koan Grund.
Vielleicht deng i aba a nua z'weit
und soid liaba denga 'na und'.

Des is scheinba da Untaschied zwischn Liebe und Denga,
's oane hod midm andan nix z'doa.
Liebe is weniga Fordan ois Schenga
und 's Bewußtsein: Zua Liebe ghern zwoa.

Bairisch

Bairisch is a Sprach, di konnst kaum schreim,
drum kurz in Englisch: But it's mine.

Worte

Jeds gredte Wort is irgendwo gschtoin
is gsogt von irgendwem davoa
Gsogt hob is trotzdem, i hobs woin
koans wa ma z'groß, koans z'kloa

Jeden Schnaufa mittn drin warns wert
S' wa ois waans meine Worte gwen
Nia hob i gwußt zu wem jeds gheard
Nia wa a Anspruch do von irgndwem

A hob i imma glabt, si warn von mia
jeds wa ma seiba eigfoin
Jez kema andre: Nix is von dia
jeds einzelne Wort is gschtoin

Waa i nua nia in d' Schui ganga
häd nia wos gheard, gseng und glesn
Dann hättns mid wos andam ogfanga
und des wa a nix gwesn.

Des waa hoaß

Liegds vielleicht am Oita?
Find i blos nimma an Schoita?
Bin i z'langsam oda is d' Weid z'schnei
füa mei oids G'stei?
Wa früha ois ned viu weida weg
oda interessiert uns jez nur jeda Dreg?
Muas i ois wissn - a des midm chinesischen Radl?
Waas ned wichtiga, ausz'kumma midm eigna Madl?
Wissn is am Oita sei Privileg.
Dawei dads vui mea heifa aufm junga Weg.
I mächat dumm sei mid dem Wissn, wos i woas.
I kannt ma voastein, des waa hoaß.

Moanst

Moanst
wensd woanst
werds besser.

Moanst
wensd woanst
werds ned gresser.

Moanst
wensd ned woanst
werds besser.

Moanst
wensd ned woanst
werds gresser.

Deim Leid is egal, obsd woanst oda lachst,
scheißegal wasd machst.

I mächat moi jemand treffa

Heid ged ois nua um oans im Lem
Her midm Diridari
Dans da wenigstns wos dafüa gem
Aba du griagst nua Larifari

Dengst ans letzte Jahrhundad
vom Kleinbürgermief zua freien Liebe
reibst da deine Augn vawundad
und sigst statt Anstand nua nu Triebe

Hundad Joa füa a Menschnlem san ned gnua
um durchz'blickn und an Konsens z'findn
Irgndwia host oiwei z'große Schua
und bleibst desweng hintn

I mächad moi jemand treffa, der ma erklärn ko,
dada uns weida bringa, da dannige Evoluionsstopp,
von mia aus im Geheimen, von Mo zu Mo,
und schwörn miasata: Es werd koa Flop.

Mia zwoa

Jez is ma klar
was war des war
und genauso gwies
is was is.
Ois zu seina Zeit,
des guit füa olle Leit.
Desweng a füa mi
genauso wia füa di.
So san ma, wia olle Leit,
Gfangne unsra Zeit.

Fehla san schnei gmacht.
Gestern lauthois glacht,
heit genauso lauthois gwoant
war doch ois ganz anders gmoant.
Ren hät ma soin, mia zwoa,
Ren, und zwar davoa.
An Dreg im Schachtal, jetzt haman.
Jez steng ma do, was danman.
Unsre Treim san passeè,
soz'song owi gfoin von da Heh.

Jez san mia zwoa
jeda füa si aloa.

Dramst a wengal

Is da ois Kind a Kugl Eis obegfoin
oda hods di auf da Strassn highaut
war ois andas ois häds sei soin
host di am Spuiploaz ned zu de andan traut.
Warn die grossn Probleme doch kloana Natua,
Probleme hoid füa Kindaschua
Und wa da Schmerz am Omd no ned vaglunga
und host oiwei nu mid di Träna grunga,
dann hod da d' Oma a Bussl aufs Hirn druckt
und gsogt während s' d' Bettdeckn zrecht ruckt:

Dramst a wengal
von die Engal.
Und i sog da, werst lacha,
Der Schmarrn hod ghoifa bei vuie Sacha.

Späda is Lem ernsta worn, hob i gmoant
und nimma wega a Kugl Eis gwoant.
Vui wa andas ois beabsichtigt,
manchn Weg hob i berichtigt.
Die kloana Probleme warn dann grossa Natua,
sozusong füa Erwachsenenschua.
Mancha Schmerz wa a am Omd ned abglunga,
manchmoi hob i wida mid Träna grunga.
Neamd hod ma a Bussl aufs Hirn aufe druckt,
geschweige denn Bettdeckn zrecht gruckt.

An d' Oma hob i dann oft denkt.
Hod di doch einfach d' Weid eigrenkt

mid: Tramst a wengal
von die Engal.

D' Weid is weidagrauscht,
d' Roin ham si vadauscht.
Di von da Oma fui jetzt i aus
und ernt in fuchzg Joa an Applaus.
Kindaprobleme san ähnlicha Natua,
em wida Probleme füa Kindaschua.
Träna woant a wida oana,
a wida so a Kloana.
Nix ändat si auf dem Planet
obwoi a si so rasend dreht.

Wida muas i an d' Oma denga
und a kloane Weid eirenga
mid: Tramst a wengal
von die Engal.

's Hirnbatzl

Jeda hod früha eigseng,
's Hinbatzl gherd zum Lem.,
denn es erhöht as Denkvameng.
Liaba oans mera, ois oans zweng.

Heid, wenn ma mid da seibn Pädagogig arbat,
kimmt ma voan Kadi, der di dann zualabat
und von da Würde des Menschen red.
Dass olle bläda wern, des stördn ned.

Tipps füa 'n moderna Lürika

Ois wos si ned reimt und kurz is, werd zum Gedicht.
So definierns Lürik aus heitiga Sicht.
Den Reim,
den lasse sein.
Oda auf boarisch: Lass bleim
mid 'm Reim.
Und a wichti is: Schreib, dass koana vasteht.
Dann kennas diskutiern auf bläd.
Unstrukturierte Gedankn miassns sei,
vamix s' ohne Intapunktion zu am Brei.
Nimm füa jeds Wort a neie Zeiln,
dann konn da Lesa lenga drauf vaweiln.
Vameid Jambus, Trochäus und Daktylus,
gib di ned o mid dem Stuß.
Sog aba a nia, a Stabreim,
des müasat a Gedicht in Runenschrift sein.
Hoit di raus aus jeda Diskussion.
So lieferst eana koa Munition.
Schwebe üba den Spärn.
Umso mera wern si di ehrn.
Und nu a letzda Tipp von mia,
so zwischn Angl und Tüa:
Intapretia nia a eigns Gedicht,
sonst bistas los, dei Gsicht.

Bis zum Schluss

Wennst moanst, jez, jez hostas erfasst, as Lem,
dann, moan i, dann stest weid danem.
Wei, kummst um d' nächste Ecka,
werd si sicha wida wos Neis vastecka.
Und wida wars nix midm Duachblick.
Meistan muastas mit ollem Gschick.
Host des leztendli a gschafft,
sozusong mid deina letzn Kraft,
dann moanst, jez waas ganz nett,
wenns endli a End häd, mit dem Gfrett.
Und wida kummt wos Neis auf di zua.
Dann waxt di Erkenntnis, nix is mid da Rua.
Und imma weida waxt dazu da Vadruss,
Bis der do om sogt: Jez is Schluss.

und jetzt

Nu a boa Gedichte füa nei Zuagroaste

Hiesige kenna si in Kosmopolitisch üm

Weisheit

Du erwartest Weisheit für dein Leben.
Du bist betrogen worden.
Deine Weisheit brachte dir Glück
Und den Tod.
Meine Armut brachte mir den Tod
Und Glück.

Während die Welt sich dreht

Während die Welt sich dreht
sitze ich da und trinke Wein.
Mir ist egal, wie es um sie steht.
Ich reflektiere über das Sein
und wie mein Kosmos schrumpft.
Ein Gedanke kommt, der andre geht,
ein dritter, ungedacht, versumpft
während die Welt sich dreht.

Während die Welt sich dreht
konzentriere ich mich auf das "mein".
Störende Gedanken werden umgemäht.
Die Welt ist eins - ich bin allein,
unbemerkt, gewollt übertrumpft.
Ein Gedanke aus dem Hinterkopf fleht,
hat so zu sagen aufgemumpft,
während die Welt sich dreht.

Verbrannte Gedanken

Klirrende Kälte draußen
Im Ofen prasseln Gedanken
Die Mauer trennt innen und außen
Was nützt es zu wanken?

Die Kälte wird bleiben
Wohl das ganze Jahr
Die Kälte wird dich treiben
so wie es immer war.

Du hast nur die Wahl
Draußen oder drinnen
Die Mauer bleibt die Qual
Es gibt kein Entrinnen.

Wofür hast du Gedanken verbrannt?
Hat dich die Asche befreit
Oder hast du dich verrannt?
Bist du jetzt zu Neuem bereit?

Erntetest du Wärme aus dem Feuer?
Bist du die Gedanken los?
Gebarst du ein neues Ungeheuer -
Oder hast du nur im Hals einen Klos?

Sag mir nur,
Hat sich alles gelohnt?
Entsteht eine neue Tortur -
Wie gewohnt?

Nehmen wir an
Der Himmel stürze ein.
Ob es jemand sehen kann -
Oder nur ich allein?

Suche nach dem Ich

Du stehst da, aber warum?
Steht die Antwort am Himmel?
Ist die Antwort nicht dumm?
Ungefähr wie – ein weißer Schimmel.

Du hoffst auf etwas?
Und meinst du, es komme zur Erfüllung?
Nein, es versumpft, löst sich auf wie Gas.
Nie kommt des geträumten Wunsches Stillung.

Du weinst über dich?
Nie wird es dir gefallen.
Bemitleide nicht mich!
Blut kommt leicht ins Wallen.

Mach dir keine Gedanken darüber!
Träum lieber!
Die Zeit geht vorüber!

Regen

Tropfen klatschen, prasseln auf den Schirm.
Bunte Reklame stört das Leben.
Für was hat der Mensch ein Gehirn?
Für was wurde es ihm gegeben?

Suche nach den schönen Seiten des Lebens!
Vergiss keine Ecke!
Lange suchst du vergebens.
Später bleibst du auf der Strecke.

Suche nach dem Sinn des Lebens!
Betrachte alle Möglichkeiten!
Lange suchst du vergebens
In der Auswahl unendlicher Weiten.

Tropfen klatschen, prasseln auf dein Grab.
Kein Laut stört deine Ruhe.
Deine Weisheit – Du nahmst sie mit hinab –
Ist für immer verschlossen in der Truhe.

Suche nicht das Leben des Lebens!
Es ist vergebens!

Nimm mit mir vorlieb

Das Leben ist gestern fortgefahren.
Du wirst es nicht so schnell
Wiedersehen.
Es sprach
Vom „länger Ausbleiben“.
Du sollst inzwischen
Mit dem Tod spielen,
hat es gesagt.
Nimm mit mir vorlieb!

Nebel

Graues Etwas tötet
Die Stille brüllt dich an
Wie tausend Ochsen
Dumpfes Glucksen
Unter dir –
Vielleicht auch unter mir
Wer kann diese Frage
Beantworten
Lächelnd schwimmt eine
Leiche
Vorbei
Sie schwimmt Gott
Entgegen
Gott
Sitzt an der
Mündung des Flusses
Der tote wird
Gott
Gott
Gott
Gott
Gott
Fragen
Ob er ins Paradies
Dürfe
Was wird?
Gott?
antworten?

Leben ein Tanz

Ein Becher Wein, guter Wein.
Ein Walzer im Hintergrund.
Paare – jedes für sich allein.
Aus der Masse lacht ein roter Mund.

Kerzenlicht, ruhiges Kerzenlicht,
Lampions erwärmen den Raum.
Sie sind da, doch man beachtet sie nicht.
Kein Tanz wie im Traum.

Tanzbeine!
Doch einer sitzt alleine.

Langweilig

Voll Langeweile sitz ich hier.
Nichts zum Naschen auch kein Bier.
Ich wiederhole mich: Langweilig ist es hier!

Ich sah

Ich sah den Müll, der auf der Straße lag.
Ich sah die Sonne aufgehn Tag für Tag.
Ich hörte Völker miteinander quasseln
Und den Holzwurm im Schranke rasseln.
Ich sah, was man so Liebe nennt
Und wünschte Liebe, wie man sie nicht kennt.
Ich sah Worte, wie sie Leuten vom Munde flogen
Und wusste, alle waren sie gelogen.
Und kaum war mir etwas geglückt,
hatte ich das Gefühl: Ich bin verrückt.

Ich sah Gott und wusste, es gab ihn nicht.
Und ich sah Städte, berauscht von gleißendem Licht.
Ich sah Schnee, der alles zudeckte
Und die Sonne, die alles wieder weckte.
Ich meinte, es könne Freunde geben,
doch jeder lebt sein eigenes Leben.
Ein Leben, das ich sah auf dieser Welt.
Ein Leben beherrscht vom Geld.
Und ich kehrte ihm den Rücken,
obwohl ich wusste, nicht einmal das wird glücken.

Hügel am Horizont

Was passiert, wenn man die Hügel dort am Horizont weg
bombt?
Stürzt dann der Himmel ein?
Wenn ja, auf wen?

Was passiert, wenn man die Hügel dort am Horizont her
zoomt?
Sieht man dann in den Ecken den Schimmel?
Wenn ja, wen stört es?

Was passiert, wenn man sich einfach abwendet?
Kann man sein Wissen in Nicht-Wissen verwandeln?
Wird der einstürzende Himmel Staub aufwirbeln?
Wird man dann noch sehen, obwohl man in die entgegen
gesetzte Richtung blickt?

Werden sich die Staubschwaden als neue Hügel über einem
auftürmen?
Wird der Schimmel alles überwuchern?
Wird dann jemand anderer an anderer Stelle stehen
und sich die Fragen mit einem Blick auf die Hügel in der
Ferne aneignen?

Wird es auch mich betreffen?
Wird es mich kümmern?
Oder jemand anderen?

Soll es mich kümmern?
Oder jemand anderen?

Wenn ja, wen?

Ich komm mit

Feigling - trau dich
sag nicht - ich ....
Verschanz dich nicht hinter mir
und auch keinem Bier.
Träume
Schäume?
Es liegt an dir!
Das Leben ist draußen
nicht außen.
Ein Schritt -
Ich komm mit!

Hinter den Bergen

Der Wind zerrt an den Bäumen
Die Blätter färben sich
Es wird kalt in den Räumen
und auch innerlich
Zur Neige senkt das Jahr sich
Langsam trifft es auch mich
Nebel bestimmen die Morgen
Verhüllen Geborgtes
Entblättern Umsorgtes
und offenbaren Sorgen

Hinter den Bergen
kauert der Winter.

Herbst 2

Buntes Herbstlaub
Im Straßenstaub
Kalter Wind
Wo Menschen sind
Traurigkeit
Geschäftigkeit
Herbst weit und breit
Bis in die Ewigkeit
Buntes Herbstlaub
Im Staßenstaub

Es weihnachtet sehr

Auslagen sind vollgestopft mit Spielsachen.
Reklame leuchtet von überall her.
Aus Lautsprechern ertönt frohes Kinderlachen,
und jeder behauptet: Es weihnachtet sehr.

Die Menschen drängen von Warenhaus zu Warenhaus
Und jeder kauft und kauft immer mehr.
Sie schleppen die Geschenke nach haus,
denn: Es weihnachtet sehr.

Zuhause wird alles fein eingepackt,
vom Buch bis zum Teddybär.
Das alles kommt dann in einen Sack
mit der Aufschrift: Es weihnachtet sehr.

Und ist der Tag dann endlich da,
so freut sich alles ringsumher.
Die Wartezeit ist endlich gar,
und endlich weihnachtet es nicht mehr.

Es war damals

Es war damals,
man sagt für gewöhnlich:
lang, lang ist’s her
oder
früher war’s.
Da geschah es.
Doch was tut das schon
Zur Sache?

Ene, mene

Ene, mene mu
Big Brother schaut zu
Ene, mene, meck
Du hast im Hirn einen Fleck
Ene, mene, miste
Schon bist du in einer Kiste.

Ausstieg

Meist gelingt nicht eben
kurz mal auszusteigen aus dem Leben.
Wie man 's dreht und wie man 's wendet,
manch Versuch hat tödlich schon geendet.
Drum macht es scheinbar Sinn,
man bleibt im Leben einfach drin.

Gedanken in einer Mathematikstunde

(Zehn Gedichte vom 22. November 1969 - entstanden, wahrscheinlich traumatisiert von der Konfrontation mit moderner Literatur in der vorangegangenen Deutschstunde).
Di Zehne berechne i ois oans (Mengenrabatt).

An Answer

Wer lacht, hat mehr vom Leben.
Freedom soon will come.
Doch keines von beiden wurde Dir gegeben.
Because you sit in a drum.
Und alles wird Dir aufgeladen.
The sun ain't gonna shine any more.
Dein Leben hängt an einem Faden.
And the answer to all is – therefore!

Noch 'n Gedicht

Sie saßen da in stummer Rund –
Jeder mit offenem Mund –
Und staunten über seine Lehren,
die ihnen aufgezwungen waren zu hören.
Doch keiner verstand auch nur ein Wort.
Der Sprecher fuhr dessen ungeachtet fort.
Zum Schluß
Kam's wie es kommen muß
t', wieder offen war der Mund,
doch jetzt aus einem andren Grund.

Produktivität

Die Produktivität eines Menschen
Hängt von seiner Umwelt ab,
sagte er –
und starb.

Eine Straße

Er überquerte
Die Straße
Die sich so dahinstraßte
Und sichtete einen
rat mal –
richtig –
einen Buchladen
Ein Hakenkreuz
Grinste ihm entgegen
Hammer und Sichel
Reichten dem
Sternenbanner
Die Hand
Doch die Straße
War
Unendlich
Breit.

Schnupfen

Er sitzt hier und schnupft
Seinen Schnupfen hinunter.
Die Nase läuft
Und das Auge tropft.
Die Medizin ist in der Apotheke.

Ein Dreieck

Ein Dreieck bildet
Eine geschlossene Fläche.
Die Menschheit bildet k e i n Dreieck!

Was dürfen wir?

Die Sonne scheint.
Die Passanten bemerken es.
Ein Hund begießt eine Hauswand.
Was dürfen wir?

Flugzeuge

Man liest ein Buch,

reißt eine Seite heraus
und baut einen Flieger.
Gestern stürzte ein Starfighter ab.
Was kümmert's uns,
wir haben unsere Bücher.

Freiheit

Als die Glocke glockte
Winkte uns die Freiheit
Wer fing die Bombe

Liebe

Er wartete
Und sie kam.
Sie aßen Eis.
Sie quasselten,
knutschten
und trennten sich wieder.

Und weisd so brav glesn host, nu oans gratis.

Wir

Ach du süßer Erdbeermund
knutscht mich ab so kunterbunt
Ach ihr süßen Himbeerlippen
könnt nicht aufhören zu nippen

Oh ihr Hände so grazil
treibt ein so betörend Spiel
Oh ihr zarten Fingerkuppen
marschiert auf mir wie kleine Truppen

Und die Wärme deines Beins
macht aus uns Zweien eins
Eng umschlungen und umwunden
haben zwei sich hier gefunden

Und ich stöhne leise, leise
Schön wär's doch auf diese Weise

Bis näxts moi

vielleicht bei

Do konnst da nomoi Notizn macha:

Neis vom Autor gibts im Zwischnnetz unta:
(Neues vom Autor gibt es im Internet unter:)

www.kursch.w-portal.de

Auch erhältlich: *Worser - Gedichte in Englisch von 1968 bis 2011.*

Jez is wirkli Schluss